El grupo Mastermind puede hacer milagros para ti y tu negocio. Puedes superar tus límites y mejorar tanto profesional como personalmente. ¡Que comience el viaje!

EL PODER DEL GRUPO MASTERMIND

El Arma Secreta
para tu Vida personal y profesional

EDOARDO
ZELONI MAGELLI

Copyright © 2018 Edoardo Zeloni Magelli

Todos los derechos reservados

ISBN: 978-1-80120-477-4

Primera edición española: octubre de 2018

Edición original: septiembre de 2017

"Il Potere del Mastermind Group: L'Arma Segreta per la tua Vita personale e professionale"

Autor: Psicólogo, Empresario y Consultor. Edoardo Zeloni Magelli, nacido en Prato en 1984. En 2010, poco después de graduarse en Psicología del Trabajo y de las Organizaciones, lanzó su primera compañía startup. Como empresario, él es el CEO de Zeloni Corporation, una compañía de formación especializada en ciencias mentales aplicadas a los negocios. Su compañía es un punto de referencia para cualquiera que quiera realizar una idea o un proyecto. Como científico de la mente, él es el padre de la Psicología Primordial y ayuda a las personas a potenciar sus mentes en el menor tiempo posible. Un amante de la música y del deporte.

UPGRADE YOUR MIND → zelonimagelli.com

UPGRADE YOUR BUSINESS → zeloni.eu

Las reproducciones realizadas con fines profesionales, económicos o comerciales o de otro modo que no sean para uso personal, solo podrán realizarse siguiendo una autorización específica del autor.

Bajo ninguna circunstancia se responsabilizará legalmente al autor por daños, reparaciones o pérdidas monetarias debido a la información contenida en este libro. Ya sea directa o indirectamente.

ÍNDICE

1. EL GRUPO MASTERMIND　7
2. LA HISTORIA DEL MASTERMIND　13
3. LA SELECCIÓN DE MIEMBROS　21
4. CÓMO FUNCIONA　31
5. LAS VENTAJAS DEL GRUPO MASTERMIND　43
6. LA MESA REDONDA　45
7. EL GRUPO DE PARES　49
8. BUSCAR Y CREAR UN GRUPO　53
9. CONSEJOS　55
10. EL SIMPOCEAN　59

1

EL PODER DEL GRUPO MASTERMIND

El Grupo Mastermind es un arma secreta muy fuerte y poderosa, que pronto se convertirá en tu camino al éxito. Es una alianza de cerebros, un pequeño grupo de pares que se reúne regularmente en un espíritu de armonía, para debatir y ayudarse unos a otros a mejorar sus propios resultados.

Los miembros del grupo intercambian ideas, información, sugerencias, estrategias y recursos para resolver problemas, superar obstáculos y superar los desafíos de sus proyectos utilizando las capacidades e ideas de todos.

Es una cita para confrontar y mejorar tu negocio. Es una oportunidad para enfrentarte a personas con tu mismo nivel, pero con diferentes habilidades y experiencias.

Es un grupo que también se convertirá en un fuerte apoyo personal y emocional.

No hay jerarquías y todos sus miembros están al mismo nivel. Las decisiones se toman de una manera totalmente democrática.

Entonces, es un intercambio entre personas con mucha experiencia en ciertos campos, que deciden compartir sus experiencias y habilidades para dar y recibir formación gratuita, y además de tener el deseo de hacer crecer sus negocios, también tienen el deseo de ayudar a otros miembros del grupo sin esperar un retorno económico.

Desde el Grupo Mastermind se puede tener una concentración de experiencia, formación, conocimiento, y es una gran oportunidad para explotar los talentos y las capacidades de todos sus participantes. Y créeme, a veces, solo se necesita una idea o un ajuste para revolucionar tu vida y tu negocio. Es una oportunidad para hacer equipo con otros profesionales.

A menudo se forman partnership, joint venture y también bellas amistades, aunque no es el objetivo principal, pero como sucede a menudo, un grupo Mastermind se convierte en un grupo de amigos que se ayudan en el negocio.

Es una reunión realizada entre personas que tienen los mismos deseos de crecimiento personal y profesional.

No debe ser comparado con una salida entre amigos, donde se habla de generalidades y se les quita tiempo a otros miembros del grupo que necesitan un consejo.

Gracias al Grupo Mastermind también se entienden los procesos que conducen al éxito, los pasos a seguir para alcanzar un objetivo, las estrategias a ser implementadas para lograr resultados. Es una alianza de cerebros que te hará sentir que has adquirido nuevas habilidades ni bien salgas de la reunión.

Un grupo con estas características que se mueve hacia un objetivo preciso, puede multiplicar exponencialmente los éxitos de los miembros del mismo.

El Grupo Mastermind así que se convierte en una oportunidad para reunirse y debatir sobre uno o más temas, que se convierten en un momento de inspiración mutua, como solía ocurrir a menudo en la antigüedad.

"El principio de Mastermind consiste en una alianza de dos o más mentes que trabajan en perfecta armonía para lograr un objetivo definido común. El éxito no se obtiene sin la cooperación de los demás" Napoleón Hill

2

LA HISTORIA DEL MASTERMIND

Con el paso del tiempo, la humanidad ha olvidado que la conversación es un verdadero arte. Nos hemos olvidado del pasado que nos ofrece instrumentos de valor incalculable para comprender el presente y construir el futuro.

El ser humano es el mismo, y la vida de la humanidad es una serie continua de cursos y recursos históricos.

En la antigua Grecia y en la antigua Roma, el simposio (o convivium) era la práctica social que seguía al banquete, durante el cual, los comensales realizaban varias actividades, como comer, beber, conversar, cantar, jugar, bailar y bromear.

El primer testimonio escrito del simposio, fue sobre la llamada *Copa de Néstor,* una copa geométrica (*skyphos*), de la segunda mitad del siglo VIII a.C. Etimológicamente, simposio viene del griego y significa *beber juntos*; convivium viene del latín y significa *vivir juntos*.

Había dos tipos de simposio: el *buen simposio*, como el *syssition* espartano, admirado por muchos autores, se había convertido en un ejemplo a seguir y alabado por la ética de sus costumbres, donde los participantes compartían alimentos y bebidas prescritos por ley.

Estas cantinas eran instrumentos educativos donde los jóvenes participaban de los debates políticos. Y el *mal simposio*, basado en la vulgaridad, el exceso de sexualidad y beber vino para emborracharse. Eran ocasiones para beber y para tener encuentros amorosos, durante las cuales se bebía en exceso y se daba rienda suelta sin inhibiciones a las conversaciones, además de ser ocasiones de celebración política y conspiraciones.

En el simposio, los participantes tenían las mismas ideologías y aspiraciones, se reconocían como una asociación política, formada por ciudadanos varones adultos (*eteria*), quienes compartían la misma concepción de la vida, generalmente inclinada hacia una tendencia oligárquica.

Era un momento en el que la vida social era particularmente importante y estructurada.

Era una convención, un momento de diálogo cultural, una especie de ritual colectivo de ideas y opiniones sobre diversos temas, en el que compartían el placer de la conversación y de estar juntos acompañados por la poesía, la música, la danza, la comida, la cultura y el vino.

Compartir la comida tenía un valor de identificación social, y acercaba a los participantes que asistían, proximidad también creada por el tamaño modesto de las salas de banquetes, para permitir que cada uno de los invitados pudieran ver y escuchar a los demás.

Entre los temas favoritos de conversación, a menudo había temas filosóficos y literarios. Fue un momento de grandes implicaciones políticas y sociales, pero también éticas, sagradas y religiosas

Era un campo de entrenamiento de sabiduría formado por conversaciones ingeniosas y cultas.

El banquete fue una verdadera institución para la aristocracia griega y la clase dominante, en el que se reunían para hablar sobre política y cultura.

Con el paso del tiempo, a medida que las luchas políticas se desvanecían y con el desarrollo de las estructuras ciudadanas, el simposio se transformó en una reunión privada entre amigos, pero siempre manteniendo el espíritu de integración social.

Hoy en día, el concepto es sustancialmente el mismo. El concepto del Grupo Mastermind, es tratado por la primera vez con convicción, pasión y entusiasmo por Napoleón Hill, en su libro The *Low of Success,* publicado en el 1920.

Hill ha sido uno de los primeros productores del género literario moderno del éxito personal y ha sido consultor del presidente americano Franklin Roosevelt.

Hill Había descubierto que el secreto de las personas que habían acumularon grandes fortunas, era la presencia de un grupo de apoyo.

Había sido inspirado por el empresario Andrew Carnegie, un representante del sueño americano, que dejó Escocia a una edad muy temprana para ir a los Estados Unidos en busca de fortuna.

En el año 1865, fundó su sociedad, el *Carnegie Steel Company*, que habría hecho de Pittsburgh la capital de la industria siderúrgica y de Carnegie uno de los hombres más ricos del mundo.

Ha logrado construir a una de las más potentes e influyentes empresas de la historia de Estados Unidos de América, convirtiéndose en un hombre muy rico, que, según algunos, su patrimonio valuado en dólares, sería el segundo más grande de la historia y el quinto en relación al producto interno bruto estadounidense.

A la edad de sesenta y cinco años, vendió sus sociedades al banquero J.P. Morgan, por 480 millones de dólares y dedicó el resto de su vida a la escritura y a actividades filantrópicas, donando acerca de 350 millones de dólares que han permitid financiar, cofinanciar y fundar universidades, bibliotecas y museos por todo el mundo.

Andrew Carnegie, se rodeó de un grupo formado por cincuenta hombres con el objetivo de convertirse en líder en la producción y comercialización del acero.

Declaró que el crédito de toda su fortuna se debía al poder y el conocimiento acumulado a través de este grupo.

Napoleon Hill entrevistó también a las seis personas más ricas de Boston en esa época.

También aquí se reveló que su secreto fue la presencia de este grupo de soporte. Se habían conocido cuando no tenían nada, pero gracias a la ayuda recíproca, a los intercambios de experiencias, conocimientos y recursos, habían logrado el éxito.

He incluso, después de haber logrado el éxito, continuaron con sus grupos de Mastermind para mejorar aún más.

Después de la publicación de Napoleon Hill de *Think and Grow Rich,* del 1937, su obra más famosa, una destilación de la filosofía del éxito, el concepto de Grupo Mastermind se ha desarrollado y evolucionado hasta convertirse en un instrumento de fundamental importancia para las personas de éxito.

3

LA SELECCIÓN DE LOS MIEMBROS

La clave del Grupo Mastermind es la selección de las personas. La calidad de las personas determinará la calidad de las ideas y de los pensamientos. Con las personas adecuadas se puede crear, un sistema de apoyo muy poderoso, con una visión a largo plazo.

El grupo no tiene a un verdadero líder, es un liderazgo compartido, un grupo compuesto por personas con valores similares y competencias de igual nivel.

"Antes de ver lo que estás comiendo y bebiendo, es necesario ver con quien lo estás haciendo; en efecto, comer sin amigos es una vida de lobos o de leones"

Esta máxima de Epicuro, citada por Séneca, en su decimonovena carta a Lucilio, evidencia la importancia de la elección de los comensales.

Fue un válido consejo para los miembros de la alta sociedad romana, que no debían arriesgarse a sentarse en la mesa con sus propios *clientes* (El *cliens* era aquel ciudadano que se encontraba cumpliendo a una serie de obligaciones hacia a un *patronus*), porque estaban motivados por razones oportunistas y no por una amistad sincera.

"Errat autem qui amicum in atrio quaerit, in convivio probat"

"Quién busca a su amigo en el vestíbulo, y lo pone a prueba durante el banquete, comete un grave error"

En determinadas condiciones, todos pueden parecernos amigos, pero para encontrar aquellos verdaderos amigos, debemos pensar en quienes han estado junto a nosotros y que nos han apoyado en los momentos de dificultad.

Ésta es una enseñanza aplicable a muchos contextos diferentes, que nos hace entender que las personas que se convertirán en verdaderos amigos duraderos, no son las personas que conocemos en los lugares y las fiestas, sino aquellas con las que compartimos nuestro tiempo, nuestras pasiones y nuestros proyectos.

Si eres el único en dar consejos, estás en el grupo equivocado. Uno de los puntos fundamentales del grupo Mastermind es la reciprocidad.

- Las personas que no deberían formar nunca parte de tu Grupo de Mastermind, son las buenas personas con buenas intenciones, pero qué no tienen competencias y no están orientadas a los resultados. Estas personas no sirven. Son aquellas personas que son buenas con las palabras, tienen muchas ideas, pero nunca han concluido nada, por lo tanto, no son prácticas. También son aquéllos que cuando hay que crear algo, prefieren los aperitivos y las salidas antes que ponerse a trabajar.

- Necesitas gente motivada, positiva y orientada a la abundancia. Hace falta intercambiar ideas con personas deseosas de desarrollar excelentes relaciones a largo plazo. Personas positivas con la mentalidad adecuada, programada para mejorar ellos mismos y mejorar así sus proyectos.

- Necesitas miembros con capacidad de resolver problemas.

- Sirven las personas con una experiencia directa en lo que hacen. Él apasionado. Los mediadores, que son apasionados pero que no han desarrollado ninguna actividad directamente, no son las personas adecuadas.

- No hay tampoco espacio para las personas egocéntricas y centralizadoras, que quieren todos los beneficios para ellos mismos, es decir los que toman sin dar. Son personas que toman continuamente de los otros sin dar a cambio ningún valor. El grupo Mastermind se basa en el intercambio de ideas y experiencias.

- Los participantes, aunque compartan los mismos intereses, no tienen que ser del mismo campo, no tienen que tener todas las mismas experiencias, no tienen que tener las mismas competencias, no tienen que ser del mismo sexo y no tienen que ser todos de la misma edad. Éstos son todos factores muy importantes, porque sirven las diversidades para aprender los unos de los otros, para hacer intercambios que puedan enriquecernos, para tener puntos de vista diferentes y ver las cosas desde perspectivas diferentes.

La heterogeneidad del grupo es un elemento muy importante que también sirve para explotar la que, en mi opinión, es el arma en más potente que existe: el *LEARNING TRANSFER (o TRANSFERENCIA DE APRENDIZAJE)*.

La Transferencia de Aprendizaje es devastadora, puede darte una ventaja competitiva que no podrá ser fácilmente superada por la mayor parte de las personas.

La Transferencia de Aprendizaje, es una técnica de aprendizaje que se basa en el aprendizaje de múltiples campos para permitirte tener nuevas sugerencias e ideas que nunca habrías tenido sólo estudiando solamente tu sector.

Es una estrategia que es puesta en práctica cuando adquirimos nuevos conocimientos en un campo y tenemos la capacidad de aplicarlos en otros.

Las grandes ideas y las revoluciones ocurren precisamente cuando somos capaces de aplicar conceptos aprendidos en un campo diferente al nuestro y podemos establecer nuevas conexiones gracias a nuestra capacidad de pensamiento crítico.

El estudio de las informaciones con esta técnica, te permite reforzar los músculos del cerebro, lo que te permitirá establecer nuevas conexiones para llevarte hacia nuevos horizontes.

Aprenderás a conectar toda la información de los diferentes campos y explotarás el inmenso poder que genera esta técnica. El conocimiento es devastador.

Tenemos muchas cosas que aprender y cuanto más estudiamos, más nos damos cuenta de lo que no sabemos. La vida debe ser un estudio continuo para mejorar y ampliar nuestros horizontes, es una protección contra la ilusión y la incomprensión de nosotros mismos y del mundo circundante. Sin ninguna duda, podemos recurrir a diferentes conocimientos y crecer exponencialmente explotando el poder del Grupo Mastermind.

Después de la selección de los miembros, también es útil hacer un pacto entre los participantes. Nadie entra definitivamente en el grupo hasta la segunda participación.

Es útil hacer una prueba sin compromiso para los nuevos candidatos. Se acuerda hacer probar a una persona la experiencia del Mastermind por uno o dos veces.

Después de la segunda reunión, si todos están de acuerdo, el miembro puede entrar en el grupo.

Es importante que las personas que se unan al grupo Mastermind sean capaces de proporcionar un valor agregado para los miembros, si éstos no reflejan los canones y no añaden ningún valor, después de la primera prueba, su participación se cancela. En el grupo Mastermind se requiere compromiso, es un sistema de apoyo a largo plazo. Los miembros deben garantizar su presencia y deben comprometerse a una participación de manera regular y oportuna.

La cantidad ideal de participantes para un grupo Mastermind de calidad está entre 4 y 8 personas. es un número óptimo que permite ir en profundidad sobre los argumentos.

En grupos más grandes, se corre el riesgo de tener confusión y poco tiempo para dedicar a los participantes individuales.

También es útil hacer un acuerdo de confidencialidad entre los miembros. Las reuniones deben ser secretas, lejos de las miradas indiscretas y lo que sucede en el Mastermind permanece en el Mastermind.

4

CÓMO FUNCIONA

Para un Grupo Mastermind de calidad se requiere una buena planificación. Es importante tener un reglamento para estructurar las reuniones. En primer lugar, debe elegirse al director, al mediador, al facilitador y *al Rey del Simposio,* un rol que puede cambiar de una sesión a otra y que se puede ir turnado entre los miembros.

El Rey del Simposio era un invitado que estaba a cargo de administrar y animar la fiesta. Era elegido con una corona de flores u hojas de hiedra más hermosa que la de los otros invitados. El conductor es fundamental, sirve para garantizar el cumplimiento de los tiempos dentro de la sesión.

El Mastermind no es una conversación con amigos, sino un momento de profundización, inspiración y motivación.

Pueden encontrarse física o virtualmente, utilizando herramientas que les permitan superar los límites del espacio y superar las distancias, cómo: *Skype* o *Hangouts*.

En la base del grupo Mastermind está el compartir todo lo que se considera significativo para nosotros y los demás miembros.

Compartimos objetivos y problemas, discutimos temas, reflexionamos sobre las propuestas que recibimos, sobre las respuestas de los clientes, nos motivamos mutuamente, traemos libros para consultar, recomendamos libros para leer, leemos citas para reflexionar y compararnos sobre el software a utilizar.

Durante estas reuniones, nos enriquecemos al dar y recibir, intercambiando experiencias, consejos y conocimiento y finalmente se establecen los objetivos para la próxima sesión.

Es importante apegarse al programa sin desviarse sobre otros temas no relacionados con el Mastermind. Es útil dejar la vida privada fuera de Mastermind, o si quieres tratarla, puedes hacerlo al final de la reunión.

UBICACIÓN

Se puede hacer en cualquier lugar, lo importante es que sea un entorno que garantice la privacidad y el enfoque. Un ambiente sin distracciones e interrupciones.

Se puede organizar en la casa de alguien, en una villa, en salas de hotel, en casas rurales, spas, en playas desiertas y, a veces incluso en restaurantes, aunque no sea el ambiente ideal debido a las interrupciones y la falta de enfoque.

LA ORDEN DE LA REUNIÓN

Es importante decidir qué temas tratar y sus modalidades. La mejor manera de comenzar un Mastermind es compartir las victorias y los pequeños éxitos logrados desde la sesión anterior.

Los miembros se turnan para compartir sus resultados e informar a los demás. Esto ayuda a organizar la reunión.

Para las primeras reuniones es útil dejar los temas libres antes de entrar en los detalles. El consejo es siempre hacer una agenda y establecer los temas a discutir, por ejemplo:

- El día de la productividad y la gestión del tiempo

- El día del marketing

- El día de la venta

- El día de la tormenta de ideas

- La jornada para la gestión de los recursos humanos

- El día para la gestión de clientes

- El día para la investigación y el desarrollo

- El día de la automatización digital

- El día del futuro

Luego se abordarán cuestiones tales como:

- ¿Cuáles son las principales dificultades que estás teniendo en este momento?
- ¿Cómo te enfrentaste y superaste esa dificultad?
- ¿Qué estrategias utilizaste para lograr tus resultados?
- ¿Cuál fue el evento más importante que te sucedió desde la última reunión?
- ¿Cuáles son las nuevas oportunidades?
- ¿Cuáles son los objetivos más importantes?
- ¿Cuál es el nuevo reto para ganar?

El orden eventual podría ser:

- Celebración de logros

- Análisis de los objetivos de la sesión anterior y cualquier problema encontrado

- Análisis de estrategias exitosas que han logrado resultados.

- Abordar el tema del día o un tema elegido

- Análisis de los problemas de los participantes con ideas relacionadas, consejos y estrategias para superarlos

- Establecer objetivos para ser tratados en la próxima sesión.

TIEMPOS Y DURACIÓN

Las posibilidades son muchas, y eres es libre de elegir los tiempos y las duraciones que prefieras. Podrías organizar tu Mastermind con estos intervalos:

- Reuniones semanales de unos noventa minutos
- Un día entero una vez al mes
- Dos días intensivos cada temporada
- Una semana al año

Es importante respetar los tiempos y duraciones establecidos, de lo contrario se corre el riesgo de transformar el Grupo Mastermind en una reunión entre amigos, que, a pesar de la amabilidad, no podrá alcanzar los objetivos de crecimiento profesional deseados.

Las preguntas serán respondidas de a una, mientras que los demás serán estrictamente silenciosos y tomarán notas, escribiendo ideas y soluciones sobre cómo ayudar a los otros.

Para mantener un grupo efectivo, siempre es bueno tener un temporizador para administrar los tiempos. Siempre hay personas que hablan más de lo necesario. El temporizador nos permite garantizar que todos tengan el mismo tiempo para expresarse.

Siempre hablaremos con un temporizador, así todos tendremos un total de minutos establecidos para comentar y ayudar a superar los retos.

También puede ocurrir que se celebre una edición extraordinaria para hacer una reunión especial, cuando uno de los miembros del grupo está experimentando una situación de emergencia.

LA SILLA CALIENTE

Una de las mejores maneras de hacer un Mastermind es usar la técnica de la silla caliente, el *Hot Seat*. Sentado en el Hot Seat, uno tiene la oportunidad de hablar sobre sus dificultades y pedir ayuda.

Es el sillón donde un miembro y su actividad están en el centro de atención, en el centro de la reunión, toda la atención está sobre ellos.

Es la situación más egoísta y altruista de todas. Cuando llegue nuestro turno, debemos prepararnos para *ser egoístas* en el sentido de aprovechar al máximo esta experiencia para obtener el máximo apoyo, a fin de crecer y mejorar.

Es un ser todos egoístas, para ser todos más altruistas. Obtendrás lo mejor de los demás en el centro de atención.

Nos sentamos y nos atenemos a la agenda y

preguntamos qué necesitamos. Es hora de obtener toda la ayuda y el apoyo del grupo. Cuando sea tu turno, debes tener sed de conocimiento y estrategias y pedir ayuda. Si lo haces, elevarás el nivel de tus actividades.

Compartes las victorias y recibes retroalimentación sobre lo que estás haciendo.

Esto lleva a estar bajo presión hasta la próxima sesión y te animará a hacerlo mejor y obtener más resultados, porque luego volverá a ser el centro de atención para hablar de ti.

Esto te hará más responsable.

- ¿En qué estás trabajando?
- ¿Cómo obtuviste esos resultados?
- ¿Qué es lo que no está funcionando?
- ¿Qué tipo de ayuda necesitas?

Nunca debes sentirte bajo escrutinio, el grupo es tu aliado.

Cuando te llegue el momento de hablar, incluso si no has logrado resultados claros en ese período, intenta encontrar un pequeño éxito cómo obtener nuevos suscriptores a tu boletín, haber aumentado las visitas al sitio o haber recibido elogios de alguien. Incluso si son pequeños éxitos, deben ser compartidos con el grupo.

5

LAS VENTAJAS DEL GRUPO MASTERMIND

Participar en un grupo de Mastermind acelera tu transformación, mejora tu visión personal, tu negocio y te ofrece múltiples ventajas, en resumen:

- Apoyo mutuo

- Intercambio y acceso a diferentes recursos, conocimientos y estrategias

- Tener diferentes puntos de vista y nuevas perspectivas

- Creación y expansión de redes

- Relaciones profundas

- Responsabilidad e inspiración personal

- Compartir

- Mantener la concentración y enfocarte en los objetivos

6

LA MESA REDONDA

Ocasionalmente se puede organizar una *Mesa Redonda*. La Mesa Redonda era la mesa del castillo de Camelot, en la que se sentaban el Rey Arturo y sus Caballeros, para discutir asuntos de importancia crucial para el reino. El propósito de la Mesa Redonda era evitar conflictos de prestigio. De hecho, como no había un líder de mesa, todos los caballeros, incluido el rey, tenían el mismo lugar, igual que todos los demás, y el mismo Rey Arturo se sentía como cualquier otro caballero.

La Mesa Redonda de hoy es una situación de comparación. Es un evento de reunión con un número limitado de participantes especialistas y abierto al público. El propósito de una mesa redonda es la profundización de un tema de extrema actualidad.

Un evento en el que es posible tener una interacción continua entre los participantes y el público. Los participantes deberán presentarse preparados para debatir sobre los diferentes temas. Comenzamos por redactar una lista de cosas que hacer para asegurarnos el éxito del evento. Se decide el tema y el título del evento, después de las inspecciones, se elige la ubicación, se estudia los emplazamientos, se piensa en los colaboradores y se estudia la duración que tendrá.

El siguiente paso es ponerse en contacto con las personas que se invitarán, hacer un cálculo de las posibles adhesiones y los posibles participantes. Las invitaciones se escriben y se envían, ya sea en papel o en formato digital y se verifica la acústica del lugar elegido. También sería bueno contactar a un catering para organizar un banquete para los presentes, esto siempre es muy apreciado.

La comunicación del evento es muy importante. Tanto las invitaciones como todo el material publicitario, deben mostrar el título de la Mesa Redonda, se debe comprender los temas tratados, debe quedar claro quiénes son los promotores, quiénes son los interlocutores y, por supuesto, la fecha, la hora, la ciudad y la dirección de la ubicación y el número de habitación. También sería útil proporcionar un mapa para llegar a la ubicación que también indique cualquier medio de transporte que se pueda utilizar. Finalmente, la cuota de participación y el procedimiento de registro esperado deben ser claros.

La promoción será fundamental. Deberá publicarse aprovechando el potencial de internet, luego el sitio web, el e-mail marketing, las redes sociales y, sobre todo, a través de nuestro funnel. Se explotará también la publicidad tradicional como afiches, camiones publicitarios y folletos en puntos estratégicos de la ciudad.

Si habrá participantes provenientes del extranjero, será necesario prever su estancia mediante la identificación de instalaciones de alojamiento adecuadas, teniendo en cuenta la calidad de los servicios y la proximidad a la ubicación del evento.

7

EL GRUPO DE PARES

"Eres el promedio de las 5 personas con las que más te juntas" Jim Rohn

Las personas que nos rodean tienen cierta influencia sobre nosotros. Para saber cuánto gana una persona, identifica a sus cinco amigos más cercanos y haz un promedio de sus ingresos.

Para conocer las aspiraciones de una persona, identifica a sus cinco amigos más cercanos y tendrás una respuesta. Si quieres entender y enmarcar a una persona, identifica a sus cinco amigos más cercanos y obtendrás una idea. Cuando trabajas por cuenta propia a menudo, también te enfrentas a una soledad personal.

La gente no entiende nuestras elecciones, otros se burlan de ellas, otros las ignoran.

No puedes seguir escuchando a aquellos que no creen en tus cualidades y capacidades. Si frecuentas un entorno que no te da confianza, corres el riesgo de convencerte de que tienes poco valor y que no eres capaz.

"Deja ir a personas que sólo llegan para compartir quejas, problemas, historias desastrosas, miedo y juicios de los demás. Si alguien busca un bote para echar su basura, procura que no sea en tu mente"

Dalai Lama

La visión del mundo de las personas que frecuentamos, tiene un gran impacto en nosotros. El hombre es un animal social, ya que tiende a congregarse con otros individuos y a agruparse en sociedad.

Las relaciones que tenemos influyen en nuestras historias y convicciones personales.

Nunca debemos culpar a los demás por el progreso de nuestras vidas, pero las personas que frecuentamos, afectan nuestra percepción de la realidad. Podemos elegir a las personas con las que compartimos nuestro tiempo, con el que pasar nuestros días, con la que compartir nuestras pasiones. Debemos rodearnos de personas que vibren con nuestra propia frecuencia.

Rodéate solo de personas que te ayuden a crecer, personas alineadas con tu visión, aliados que te apoyen, personas que te animen y motiven. Mantente alejado de las personas que obstaculizan tus ideas y tus proyectos.

Debes buscar personas que ya hayan logrado resultados en ese sector, déjales contar sus experiencias, deja que te enseñen sus estrategias. Solo aquellos que han logrado resultados en un sector pueden enseñarte cómo lograr esos resultados.

Siempre debemos estar inspirados por personas exitosas. Tu valor añadido será rodearte de personas evolucionadas. Debes ser una esponja y absorber todo lo que te rodea para hacerte más grande.

"Si eres el más inteligente de la sala, estás en la habitación equivocada"

8

BUSCAR Y CREAR UN GRUPO

Para buscar o crear un grupo, primero debes tener un requisito básico: Motivación. Si estás motivado, puedes comenzar a encontrar personas interesadas en comenzar esta actividad. Crear un Mastermind es simple si encuentras a las personas adecuadas.

Comienza contactando a una persona de confianza de tu mismo nivel, que quiera compararse y hacer crecer tu negocio, luego pensarás en otros miembros. Si esta persona no entiende de qué estás hablando, puedes darle este libro. Identifica tu nicho de competencia y antes de que quieras compararte con otros sobre ciertos temas, comienza a estudiarlos y prepárate.

Para encontrar tus futuros participantes de Mastermind, puedes aprovechar el servicio de redes sociales *Meetup*, una plataforma creada para facilitar la reunión de personas que permite que personas de todo el mundo se encuentren y se unan en grupos creados en torno a un interés común. Debes estar dispuesto a invertir tu tiempo para poner en práctica los consejos y los elementos emergentes del Mastermind. De lo contrario no tiene sentido participar.

Recuerda siempre poner en práctica las estrategias y consejos que recibirás. No es suficiente saber. Es inútil participar en un grupo de Mastermind sin ponerlo en práctica. También recuerda que, en la vida, no es suficiente tener ideas lo que marca la diferencia, es la implementación de la idea.

9

CONSEJOS

En mis reuniones tengo la costumbre de enviar a los miembros, unos días antes de la reunión, la agenda y el listado con los puntos que queremos discutir, esto ayuda a estar más preparados, enfocados e informados en la reunión.

Es una estrategia que aporta un gran beneficio. Desde el momento en que terminan de leer el programa, hasta el día de la reunión, sus cerebros inconscientemente comenzarán a pensar en ideas y soluciones. Y créeme, las mejores ideas a menudo vienen cuando estás haciendo otras cosas. Suele suceder llegar a la reunión ya con los problemas resueltos y nuevas ideas. Esto nos hace más efectivos y eficientes.

Siempre tenemos una persona que escribe un informe detallado sobre todos los temas cubiertos, que luego, al final de la reunión, es responsable de enviarlo para todos los demás participantes.

Otro consejo, dedicado a mejorar la concentración, es a menudo cambiar la ubicación, nunca sentarse en el mismo lugar y cambiar de posición durante la misma sesión. Esta variación continua de estímulos permite mantener viva la concentración y estimula la visión de nuevos puntos de vista y perspectivas.

Muchos de mis colegas, estudiantes y clientes que aplican mi *variación continua del estímulo, (La Variación Continua del Estímulo de Zeloni Magelli)* disfrutan de un aumento considerable de la productividad diaria y del mantenimiento de la concentración.

Un diktat (una condición impuesta severa, no negociable) que implementamos en nuestro grupo Mastermind, es la desconexión total. No hay teléfonos encendidos (significa teléfonos móviles apagados, no en silencio) sin revisar los correos electrónicos, sin uso de PC e Internet. Si necesitas acceder a Internet para obtener más información o utilizar la PC, trasladarás estos comportamientos hacia el final de la reunión.

Durante el Mastermind, reina la desconexión total de los demás y del mundo exterior.

Es importante en la fase final de la reunión que todos los participantes declaren sus objetivos, en voz alta, frente a todos. No te contengas, no tengas miedo de gritar como cuando gritas en un vestuario antes de un partido. Declara tus metas en voz alta, te ayudará a ser más concreto y te hará trabajar más duro.

Cuando alcances una meta o incluso un resultado pequeño, adquiere el hábito de celebrar. Tal vez con una cena, una botella de champán, no importa cómo, pero importa el hecho de que lo hagas. Es una herramienta de anclaje muy poderosa, que permanecerá como un testimonio de los resultados logrados en ese momento. Celebra tus éxitos, incluso los pequeños, hazlo en la primera oportunidad.

Otro consejo que puedo darte es que tengas más grupos Mastermind, uno para cada área de tu vida. Cada uno de ellos con diferentes tiempos y duraciones.

En algunos grupos, funcionan mejor los noventa minutos por semana, en otros funciona la frecuencia mensual, en otros funciona la frecuencia anual. Deberás comprender cuál es la mejor situación para obtener los mejores resultados de cada grupo.

10

EL SIMPOCEAN

Me pregunto si tendrás curiosidad por saber que antes de poder hablar sobre el Simpocean, debemos hablar sobre Atlántida, la antigua isla sumergida que desapareció en la bruma del tiempo. Por primera vez se describe en el diálogo de Platón, *Timeo,* alrededor del 355 a.C., uno de los escritos más importantes e influyentes donde Platón profundiza acerca de la naturaleza y el origen del universo y la naturaleza humana. Es gracias a los escritos de Platón que la humanidad ha tomado conciencia de Atlántida.

[...] Este poder surgió del Océano Atlántico, pues en aquello días el Atlántico era navegable; y había una isla situada frente a los estrechos denominados los Pilares de Heracles. La isla era más grande que Libia y Asia juntas, y era el pasaje hacia otras islas, y de ellas podrías pasar a todo el continente opuesto que rodeaba el verdadero mar. Porque este mar, que está más allá de este estrecho que nombro, parece un puerto de entrada estrecha, pero ese otro es un verdadero mar, y la tierra que lo rodea puede ser llamado un verdadero continente. Ahora bien, en esta isla de Atlántida hubo un imperio grande y asombroso, que poseía toda la isla y muchas otras islas y partes del continente. Además, desde este lado del estrecho, dominaban las regiones de Libia hasta Egipto y de Europa hasta Tirrenia. [...]

Antes de que nacieran las grandes civilizaciones, vivió un pueblo extremadamente evolucionado y tecnológicamente avanzado, eran los habitantes de la Atlántida. La Atlántida era un país habitado por la perfección, su civilización alcanzó su apogeo alrededor del 9000 a.C. y trajo la cultura y la civilización evolucionadas al mundo.

Era un paraíso terrenal. Era rica en minerales preciosos, suelos fértiles, bosques, fauna sin igual. La tierra generaba bienes y productos en abundancia. Surgieron templos, palacios reales, puertos y otras obras majestuosas. Se había convertido en un poderoso reino en medio del Atlántico, con sus montañas al norte y a lo largo de la costa, hasta las llanuras del sur.

La isla estaba dividida en diez zonas, y los diez hijos de Poseidón se convirtieron en soberanos. Fue gobernada por los hijos del dios del mar. Alrededor de 9600 a.C. la mayor parte de Europa occidental y África fue conquistada por el imperio de la Atlántida.

Esta fecha coincide con el fin de la última edad del hielo y el nacimiento de las primeras ciudades-estado, descubiertas en el actual Irak. Después de intentar conquistar Atenas, Atlántida fue destruida y hundida con terribles cataclismos por Poseidón, que se había corrompido, condición que había arruinado a una sociedad pacífica, rica y extremadamente sabia.

[...] En tiempos posteriores, sin embargo, en vista de terribles terremotos e inundaciones, en el transcurso de un día y una noche, todo el complejo de sus guerreros se hundió repentinamente bajo el suelo y la Isla de la Atlántida, sumergida bajo el mar, desapareció. [...]

Ignatius Donnelly, político, ensayista y académico estadounidense, autor del libro *The Antediluvian*

World publicado en 1882, estaba convencido de que muchas de las tecnologías para desarrollar metalurgia, agricultura y construcción y también otros logros de la humanidad como la religión y el idioma, tenían su origen precisamente en la Atlántida, que luego difundió el conocimiento a los pueblos antiguos que no tenían tales habilidades.

Es una teoría similar a la **Teoría de Paleocontacto** o *Teoría de Paleoastronautica*, el conjunto de teorías que plantean la hipótesis de un contacto entre civilizaciones extraterrestres que habrían intervenido en el conocimiento de civilizaciones humanas evolucionadas antiguas, tales como los Sumerios, los Egipcios, las civilizaciones de la antigua India y civilizaciones precolombinas.

Macaronesia. Un nombre colectivo para indicar los diferentes archipiélagos del Océano Atlántico Norte ubicados frente a la costa de África. Una posición geográfica que coincide con la descripción de Platón, más allá de los Pilares de Hércules, a las afueras del Estrecho de Gibraltar. Las islas de

Macaronesia son consideradas lo que queda del antiguo y perdido continente. Macaronesia viene del griego μακάρων νῆσοι (*makarōn nêsoi*) y significa las *Islas de los Bienaventurados*, una expresión utilizada por los antiguos geógrafos griegos para referirse a algunas islas que estaban más allá del Estrecho de Gibraltar. Son las *Islas Afortunadas* donde los dioses acogieron a héroes y mortales de naturaleza extraordinaria.

Y es justo fuera de las Columnas de Hércules que tiene lugar el **SIMPOCEAN - La Cumbre Anual de los Grupos Mastermind.** El Grupo de Mastermind de los Grupos Mastermind avanzados.

El Simposio de las Islas de los Bienaventurados.

Se lleva a cabo en las Islas Afortunadas, en una isla volcánica en medio del Atlántico, declarada reserva de la biosfera por la UNESCO, en un paraíso terrenal como la Atlántida, en la primera, y geológicamente, más antigua isla del archipiélago de las Islas Canarias, parte de Macaronesia: la isla de Fuerteventura. Una semana de Mastermind, en medio del Océano Atlántico. Un evento en el que los miembros de un grupo Mastermind se enfrentan con otros grupos Mastermind para elevar su conocimiento de manera exponencial, de manera desproporcionada, con beneficios incalculables.

Es una oportunidad para intercambios valiosos con personas de alto nivel de todo el mundo que ampliarán los límites de tu negocio y de tus redes, a nivel mundial.

La búsqueda del continente perdido de la Atlántida ha durado milenios, como la búsqueda de la verdad y el conocimiento perdido, los escritos de Platón son como un mapa del tesoro, así como las estrategias del Grupo Mastermind del Simpocean.

Es una explotación el poder de Poseidón para evocar tsunamis de habilidades y cataclismos de conocimiento, y destrucción y hundimiento de la ignorancia. El Simpocean recibe héroes del conocimiento y hombres de extraordinaria voluntad para redescubrir el arte de la conversación y del diálogo. De los diálogos platónicos se vuelve al diálogo como en el antiguo banquete y simposio.

Volveremos a cultivar el conocimiento como el trigo. Es un himno al Conocimiento, la Cultura, la Sabiduría, el Arte y la Justicia, para devolver a la gente evolucionada y tecnológicamente avanzadas de la Atlántida.

LA SELECCIÓN

Solo los miembros de la *Lista de los 50* pueden participar en el Simpocean. Una lista tan poderosa como su número. Se entra en la lista sólo después de una cuidadosa y minuciosa selección.

La selección está abierta a personas de todo el mundo y cualquiera puede presentarse como candidato. El mundo siempre necesita nuevos cerebros, nuevas ideas, buenas personas y personas motivadas. La selección del Simpocean es una selección mundial de cerebros.

Si crees que tienes un talento en particular, quieres crecer, dejar tu huella, y quieres construir algo importante para hacer del mundo un lugar mejor de lo que lo encontraste, entonces deberías elegir presentarte como candidato.

Los candidatos para la selección participan en un verdadero grupo de Mastermind. Durante el cual se evaluarán las habilidades, las capacidades, los resultados obtenidos, la calidad de sus ideas y todos los requisitos básicos para formar parte de un grupo avanzado de Mastermind. Todos los candidatos recibirán una puntuación y formarán parte de un ranking mundial y subclasificaciones divididas en categorías.

Para participar en la selección, sólo tendrán que participar en al menos uno de los eventos Mastermind acreditados que encontrarán en el sitio web oficial de la Cumbre: **simpocean.net**

Si eres un organizador de eventos Mastermind, puedes solicitar que tu evento sea acreditado también. Sólo tienes que ir al sitio web y presentar el programa de tu Mastermind para una evaluación. Si tienes éxito, tu evento será acreditado.

CÓMO FUNCIONA EL SIMPOCEAN

La semana en la isla de Fuerteventura se lleva a cabo en secreto y lejos de miradas indiscretas. La semana se divide en:

- **DÍA 1:** Regeneración mental: Meditación, Mindfulness y otras actividades.

- **DÍA 2-3:** Los miembros de la Lista de los 50 se dividen en subgrupos y es el comienzo de varias reuniones separadas. Gracias a la avanzada técnica de La Dinámica de Grupo de Cruces Cruzadas, de Zeloni Magelli, se explotará el beneficio de un Mastermind con 4-8 participantes, y se favorecerá una correcta ósmosis de conocimiento entre todos los miembros.

- **DÍA 4:** La reunión global

- **DÍA 5:** Tour por la isla

- **DÍA 6:** El día de las visiones y la creación de nuevas redes.

- **DÍA7:** Día libre para dejar volar la imaginación.

EVENTOS MASTERMIND

Aquí encontrarás una lista de algunos eventos Mastermind acreditados y abiertos al público en los que también puedes participar.

No hay una varita mágica para tener éxito, pero hay atajos. Obtener la información correcta de inmediato te ayudará a evitar un largo y sinuoso camino de pruebas y errores. De esta manera puedes ahorrar tiempo, dinero, energía y recursos porque sabrás inmediatamente qué funciona y qué no.

MIND MASTERMIND: El primer Mastermind en el mundo acerca de la Mente Potenciada, donde puedes aumentar el poder de tu Mente.

EL MASTERMIND WEEKEND: El Fin de Semana de Formación en Marketing, Ventas y Gestión Financiera Corporativa especializado en

Ciencias Mentales Aplicadas a los Negocios. Un fin de semana para conocer las mejores prácticas internacionales y para que puedas compararte con otros empresarios y autónomos en medio de las colinas de la Toscana.

HYBRID MASTERMIND: Gana 100 años de experiencia en sólo 7 días aprovechando del poder del Mastermind. Es el evento que ha dado nacimiento a una nueva generación de experiencias híbridas: la Formación, la Naturaleza y el Turismo Sostenible.

EL CENHOLDING DE NOCHEVIEJA: El CenHolding es "La Gran Cena Mastermind" del 29 de diciembre - también llamada en broma como la cena que te hace ganar dos días en la competencia - donde las nuevas startups encuentran financiación privada, e inversores y business angels encuentran nuevas oportunidades de inversión. Con el tiempo ha logrado convertirse en un verdadero epicentro de inversiones internacionales.

DIAMENE MASTERMIND INNER CIRCLE:

Este es mi Círculo Interior, donde trabajo con sólo 8 personas al año. Si eres tú, trabajaré personalmente contigo, junto con otras 7 personas extraordinarias orientadas al crecimiento personal, para potenciar tu mente y tu negocio para ayudarte a desempeñarte mejor en todas las áreas y duplicar tus ganancias en los próximos 12 meses.

Esto puede parecer una premisa un poco audaz y ambiciosa, pero se basa en resultados totalmente comprobados, que tanto mis clientes como yo, hemos logrado desde 2010.

Esto es gracias a técnicas, estrategias y métodos probados que funcionan muy bien y que cada año se perfeccionan más y más, gracias a la experiencia directa y al conocimiento que continúo adquiriendo durante los Mastermind en lo que participo.

"Afortunada es la persona que aprenda a dominar el Poder del Mastermind"

Dr. Edoardo Zeloni Magelli

Imagina empezar a leer un libro a la semana y crear un Grupo Mastermind con otras 7 personas que lean un libro a la semana.

Imagina intercambiar tus conocimientos con los de otros para conocer el 20% que te garantiza el 80% de los resultados.

¿Puedes entender el extraordinario crecimiento personal y profesional que podrías tener con un Grupo Mastermind?

Piensa en grande. Expande tus horizontes. Cuando estás rodeado de personas increíbles, puedes hacer cosas increíbles.

"Una inversión en conocimiento siempre paga los mejores intereses"

Benjamin Franklin

UPGRADE YOUR MIND → zelonimagelli.com

UPGRADE YOUR BUSINESS → zeloni.eu

Edoardo Zeloni Magelli
Atlántida
Septiembre 2017

www.ingramcontent.com/pod-product-compliance
Lightning Source LLC
Chambersburg PA
CBHW072208100526
44589CB00015B/2427